Made in the USA
Columbia, SC
19 December 2019

85285443R00057